ein schnitt vier styles

kleidung nähen mit **rosa p.**

OZ creativ

Inhalt

liebe leserin,
lieber leser,

das Geheimnis eines übersichtlichen, aber wohl gefüllten Kleiderschrankes: fünf einfache, variable Grundschnitte.

Mischen und mixen Sie. Kürzen und verlängern Sie. Raffen und rüschen Sie. Jeder neue Stoff: eine neue Chance. Für Ihren ganz und gar eigenen und unverwechselbaren Stil. Sie haben es, im wahrsten Sinne des Wortes in der Hand.

Viel Freude. Beim Auswählen, beim Nähen. Und beim Tragen.

Wünscht Ihnen

Ihre rosa p.

Viele Anregungen finden Sie in meinem blog

www.rosape.de

3

verspielt

fröhlich

4

ver-spielt

fröhlich

5

Rotes Top
& Pumphose
mit Gummizug

Grauer Sweater
mit Kapuze

Verspieltes Kleid
& Gestreifte Leggings

Rotes Top

na-tür-lich

ich

Jacke
in Natur

Basic-Leggings & Unterkleid mit Rüsche

Kleid in Khaki

Schmale lange Hose
& Jacke in Natur

blu-mig

16

Geblümtes Kleid

Unterkleid aus Spitze
& ⅞ lange Hose
mit Bindeband

Geblümtes Kleid
& Leggings mit
seitlicher Raffung

Jacke mit ¾ Ärmeln
und Bündchen

très chic!

très
très chic!
très chic!

Schickes Kleid
mit Tüllrüsche
& Edle Leggings
in Schwarz

Jacke mit
Rüschen

Shirt mit Kapuze
& Klassische
lange Hose

Schickes Kleid
mit Tüllrüsche

Grundanleitung
Kleid

» kleider sind unverzichtbar.
und wandelbar.
sportlich mit flachen schuhen,
elegant mit hohen sandaletten.
natürlich mit schlichten stiefeln,
nostalgisch mit frechen pumps.
kleine veränderungen schaffen große wirkung.
und: kleider gehören definitiv in den
kleiderschrank jeder frau. «

Größe S/M/L/XL/XXL • **Vorlagen** 1a—e (Bogen A)

Material

- 180/180/185/185/185 cm Jersey,
  150 cm breit

Zuschneiden

Die Vorlagen enthalten keine Nahtzugabe.
Beim Zuschneiden ringsum 1,5 cm Nahtzugabe, jedoch am Saum 2 cm zugeben.

- 1-mal Vorlage 1a Vorderteil
  oben im Stoffbruch
- 1-mal Vorlage 1b Vorderteil
  unten im Stoffbruch
- 1-mal Vorlage 1c Rückteil
  oben im Stoffbruch
- 1-mal Vorlage 1d Rückteil
  unten im Stoffbruch
- 2-mal (davon 1-mal gegengleich)
  Vorlage 1e Ärmel
- 1-mal Halslochbündchen
  laut Zuschneideplan (Seite 58)

So wird's gemacht

1 Die Abnäher im oberen Vorder- und Rückteil laut Vorlagen auf dem Stoff markieren, die Schenkel der Abnäher rechts auf rechts stecken und mit einem kleinen Steppstich absteppen.

2 Die Fäden zu Beginn und am Ende des Abnähers jeweils mit 2 Knoten sichern. Die Abnäher zu einer Seite bügeln (nicht aufschneiden).

3 Das Vorderteil oben und unten sowie das Rückteil oben und unten zusammensetzen, dafür die Teile an der Quernaht rechts auf rechts legen und die Quernaht schließen. Die Nahtzugaben mit einem Zickzackstich oder der Overlockmaschine gemeinsam versäubern und nach oben bügeln.

4 Die Schulter- und Seitennähte von Vorder- und Rückteil rechts auf rechts bündig aufeinanderlegen und schließen. Die Nahtzugaben mit einem Zickzackstich oder der Overlockmaschine gemeinsam versäubern und zum Rückteil bügeln.

5 Die Ärmelnähte rechts auf rechts bündig aufeinanderlegen und mit einem Steppstich schließen, die Nahtzugaben mit einem Zickzackstich oder der Overlockmaschine gemeinsam versäubern und nach hinten bügeln.

6 Die Ärmel einsetzen, dabei die Passzeichen laut Vorlage beachten. Die Nahtzugaben mit einem Zickzackstich oder der Overlockmaschine gemeinsam versäubern und nach hinten bügeln.

7 Den Kleidersaum und die Ärmelsäume versäubern, zur linken Stoffseite bügeln und mit der Zwillingsnadel von rechts absteppen.

8 Die Halsausschnittblende rechts auf rechts legen, die kurzen Kanten zusammennähen, links auf links zusammenlegen und bügeln.

9 Die Halsausschnittblende rechts auf rechts auf die Ausschnittkante stecken, dabei jeweils ein Viertel markieren, um den Streifen gleichmäßig aufnähen zu können. Die Blende mit einem großen Steppstich aufsteppen.

10 Das Kleid anprobieren und kontrollieren, ob die Halsauschnittblende richtig sitzt. Die Blende gegebenenfalls etwas kürzen.

11 Sitzt der Ausschnitt perfekt, die Blende mit einem schmalen Zickzackstich oder dem Jerseystich festnähen und die Nahtzugabe von Halsausschnitt und Blende gemeinsam versäubern. Die Nahtzugabe nach unten bügeln.

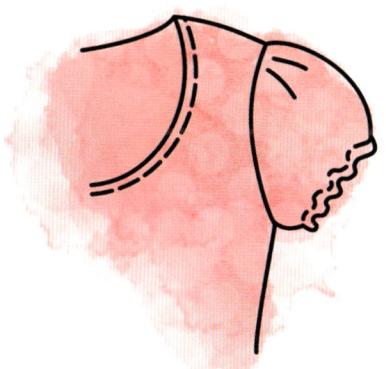

Verspieltes
Kleid

Größe S/M/L/XL/XXL • Vorlagen 1a–e (Bogen A)

Material

- 175/175/180/180/180 cm Baumwoll-Jersey, gemustert, 150 cm breit

Zuschneiden

Das Maß enthält ringsum 1,5 cm, an der Oberkante jedoch 3 cm Nahtzugabe. Die Vorlagen enthalten keine Nahtzugabe. Beim Zuschneiden ringsum 1,5 cm Nahtzugabe, jedoch am Saum 2 cm zugeben.

- 1-mal Vorlage 1a Vorderteil oben im Stoffbruch
- 1-mal Vorlage 1b Vorderteil unten im Stoffbruch
- 1-mal Vorlage 1c Rückteil oben im Stoffbruch, dabei die Länge um 15 cm kürzen
- 1-mal Vorlage 1d Rückteil unten im Stoffbruch, dabei die Länge um 15 cm kürzen
- 2-mal (davon 1-mal gegengleich) Vorlage 1e Ärmel ¾ Länge)
- 1-mal Halslochbündchen laut Zuschneideplan (Seite 58)
- 2-mal 15 x 19,5 cm Tasche

>> kurz und knapp. fröhlich und bunt.
ein kleid, so hübsch und praktisch.
so unkompliziert sportlich.
im sommer pur mit braunen beinen.
im winter mit gestreifter leggings und
wärmendem kapuzenjäckchen.
ein lieblingskleid für lieblingsstunden. <<

So wird's gemacht

1-11 Siehe Grundanleitung, Seite 28–29, Schritte 1–11.

12 Die Zuschnitte für die Taschen ringsum mit einem Zickzackstich oder der Overlockmaschine versäubern. Die Nahtzugaben (an den Seiten und unten jeweils 1,5 cm, am oberen Rand 3 cm) zur linken Stoffseite bügeln. Den oberen Rand mit einem Steppstich 2,5 cm unterhalb des Bruches absteppen und dabei die Nahtzugabe feststeppen. Die Taschen an der gewünschten Position auf das Kleid aufnähen.

Kleid
in Khaki

» natur pur.
fließende bambus-viscose für den
schmeichelnden fall.
raffinierte raffungen für das gute gefühl.
und schimmerndes grün für die harmonie. «

Größe S/M/L/XL/XXL • Vorlagen 1a–e (Bogen A)

Material

- 180/180/185/185/185 cm dünner Viscose-Jersey in Khaki, 150 cm breit
- ca. 50 cm Gummiband, 0,5 cm breit, oder Gummifaden

Zuschneiden

Die Vorlagen enthalten keine Nahtzugabe. Beim Zuschneiden ringsum 1,5 cm Naht-zugabe, jedoch am Saum 2 cm zugeben.

- 1-mal Vorlage 1a Vorderteil oben im Stoffbruch
- 1-mal Vorlage 1b Vorderteil unten im Stoffbruch
- 1-mal Vorlage 1c Rückteil oben im Stoffbruch
- 1-mal Vorlage 1d Rückteil unten im Stoffbruch
- 2-mal (davon 1-mal gegengleich) Vorlage 1e Ärmel
- 1-mal Halslochbündchen laut Zuschneideplan (Seite 58)
- 4 Stücke von ca. 12 cm Gummiband

So wird's gemacht

1-7 Siehe Grundanleitung, Seite 28–29, Schritte 1–7.

8 Am Kleidersaum vier Viertel markieren, davon befinden sich zwei direkt auf den Nähten. An allen vier markierten Stellen oberhalb des Saums in 20 cm Höhe eine Markierung für die Raffungen anbringen.

9 Das Gummiband oder den Gummifaden leicht gedehnt mit einem schmalen Zickzackstich jeweils zwischen der Markierung (siehe Schritt 8) und dem Saum des Rockteils aufsteppen.

10-13 Siehe Grundanleitung, Schritte 8–11.

Geblümtes
Kleid

Größe S/M/L/XL/XXL • Vorlagen 1a—e (Bogen A)

Material

- 115/1120/125/140/140 cm Viscose-Jersey, klein geblümt, 150 cm breit

Zuschneiden

Die Vorlagen enthalten keine Nahtzugabe. Beim Zuschneiden ringsum 1,5 cm Naht-zugabe, jedoch am Saum 2 cm zugeben.

- 1-mal Vorlage 1a Vorderteil oben im Stoffbruch
- 1-mal Vorlage 1b Vorderteil unten im Stoffbruch
- 1-mal Vorlage 1c Rückteil oben im Stoffbruch
- 1-mal Vorlage 1d Rückteil unten im Stoffbruch
- 2-mal (davon 1-mal gegengleich) Vorlage 1e Ärmel kurz
- 1-mal Halslochbündchen laut Zuschneideplan (Seite 58)

So wird's gemacht

1-11 Das geblümte Kleid genauso nähen, wie in der Grundanleitung auf Seite 28—29 beschrieben.

≫ klein geblümt und schwingend. ein bisschen retro und ziemlich viel nostalgie. das kleid für frohe stunden. für tango und kaffeeklatsch. für spaziergänge im park und nachmittage unterm sonnenschirm. und wenn ein regenschauer droht, zücken wir schnell das passende rote jäckchen und lassen uns einen schirm reichen. und tanzen im regen. ≪

Schickes Kleid mit Tüllrüsche

Größe S/M/L/XL/XXL • Vorlagen 1a–e (Bogen A)

Material

- 180/180/185/185/185 cm Romanit-Jersey in Anthrazit, 150 cm breit
- 25 cm weichen Tüll in Schwarz, 145 cm breit
- 5 cm Jersey in Schwarz, 150 cm breit
- ca. 150 cm Häkelspitze in Schwarz, 2,5 cm breit

Zuschneiden

Das Maß enthält 1,5 cm Nahtzugabe . Die Vorlagen enthalten keine Nahtzugabe. Beim Zuschneiden ringsum 1,5 cm Nahtzugabe, jedoch am Saum 2 cm zugeben.

- je 1-mal Vorlage 1a/1b Vorderteil oben/unten im Stoffbruch
- 1-mal Vorlage 1c Rückteil oben im Stoffbruch, dabei die Länge um 10 cm kürzen
- 1-mal Vorlage 1d Rückteil unten im Stoffbruch, dabei die Länge um 10 cm kürzen
- 2-mal (davon 1-mal gegengleich) Vorlage 1e Ärmel
- 1-mal Halslochbündchen laut Zuschneideplan (Seite 58)
- 2-mal 10 x 145 cm Tüll (Rüsche)

> das kleine schwarze.
> unverzichtbar. unersetzlich.
> im theater und auf der silvesterparty.
> beim italiener oder bei der besprechung.
> und mit spitze, rüschen und tüll:
> unverwechselbar.
> perfekt mit stiefeln. aber auch mit
> hohen sandalen.
> und immer richtig mit der passenden jacke. «

So wird's gemacht

1-6 Siehe Grundanleitung, Seite 28–29, Schritte 1–6.

7 Den Kleidersaum mit einem Zickzackstich oder der Overlockmaschine versäubern.

8 Für die Rüsche den Tüllstreifen rechts auf rechts bündig aufeinanderlegen und an der kurzen Kante zum Ring schließen.

9 Die Tüllrüsche auf den Umfang des Kleidersaums einkräuseln, rechts auf rechts auf den Kleidersaum stecken, dabei die Weite gleichmäßig verteilen und die Häkelspitze zwischenfassen. Die Rüsche mit Häkelspitze ringsum feststeppen.

10 Aus dem Jersey einen Streifen von 2 cm Breite und in der Länge des Kleidersaum-Umfangs plus 2 cm Nahtzugabe zuschneiden. Diesen Streifen etwa 2 cm oberhalb des Kleidersaums links auf rechts mit einem Dreifach-Zickzackstich oder einem Schmuckstich aufsteppen, sodass sich die Kanten schön einrollen. Dabei die Enden des Streifens ca. 1 cm flach übereinanderlegen.

11 Die Ärmelsäume mit einem Zickzackstich oder der Overlockmaschine versäubern, zur linken Stoffseite bügeln und mit der Zwillingsnadel von rechts absteppen.

12-15 Siehe Grundanleitung, Schritte 8–11.

Grundanleitung
Leggings

Größe S/M/L/XL/XXL • Vorlagen 2a—b (Bogen B)

Material
- 110/110/110/110/110 cm Viscose-Jersey, 160 cm breit
- ca. 80—150 cm Gummiband, 2 cm breit

Zuschneiden

Die Vorlage enthält keine Nahtzugabe. Beim Zuschneiden ringsum 1,5 cm, jedoch am Bund 3 cm, an den Säumen 2 cm zugeben. Die Schnittteile der Leggings liegen in 2 Teilen auf dem Schnittmusterbogen. Die Schnittteile 2a und 2b vor dem Zuschneiden an der gepunkteten Linie zusammenkleben.

- 2-mal (davon 1-mal gegengleich) Vorlage 2ab Hosenteil oben/unten

So wird's gemacht

1 Die Schnittteil rechts auf rechts aufeinanderlegen, die inneren Hosenbeinnähte bündig aufeinander ausrichten und schließen. Die Nahtzugaben mit einem Zickzackstich oder der Overlockmaschine gemeinsam versäubern und nach hinten bügeln.

2 Ein Hosenbein wenden und rechts auf rechts in das andere Hosenbein schieben. Dabei die Seitennähte bündig übereinander ausrichten.

3 Die Schrittnaht schließen, die Nahtzugaben mit einem Zickzackstich oder der Overlockmaschine zusammen versäubern und zu einer Seite bügeln.

4 Die Bundkante versäubern, dafür die Nahtzugabe von 3 cm zur linken Stoffseite schlagen und mit der Zwillingsnadel von rechts absteppen. Dabei eine kleine Öffnung für das Gummiband lassen.

» leggings: die alleskönner.
wärmen in kühlen sommernächten.
machen kurze kleidchen bürotauglich.
passen sich jeder laune und jedem
kleidungsstück an.
und stehen, mit auffälligen mustern und
witzigen details, auch gerne mal
im mittelpunkt. «

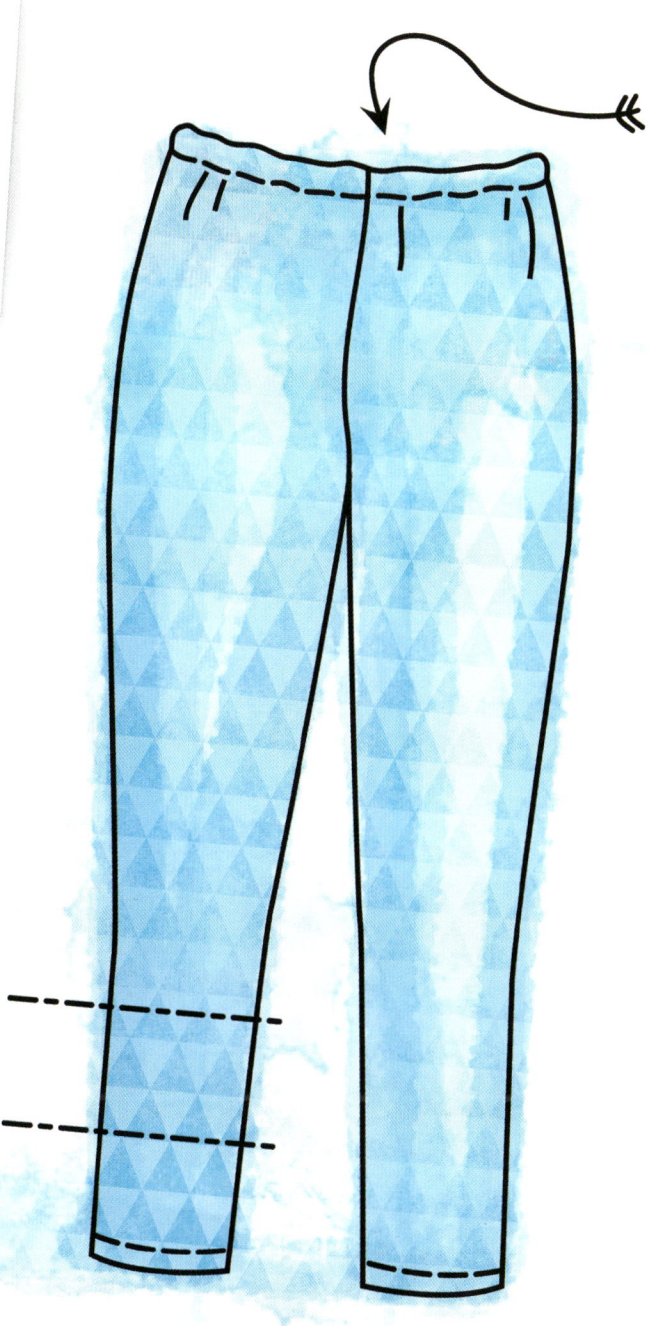

5 Die Länge des Gummibandes anhand der eigenen Taille bestimmen und zuschneiden. Das Gummiband mit Hilfe einer Sicherheitsnadel durch die Öffnung in den Tunnel einziehen. Die Gummiband-Enden flach übereinanderlegen und mit einem schmalen Zickzackstich aufeinandersteppen. Anschließend das Gummiband durch die Öffnung nach innen ziehen und die Öffnung schließen.

6 Die Hosensäume mit einem Zickzackstich versäubern. Die Nahtzugabe zur linken Stoffseite schlagen, bügeln und mit der Zwillingsnadel von rechts absteppen.

Gestreifte
Leggings

Größe S/M/L/XL/XXL • Vorlagen 2a-b (Bogen B)

Material

- 100/100/100/100/100 cm Baumwoll-Jersey, schmal gestreift, 160 cm breit
- ca. 80–150 cm Gummiband, 2 cm breit

Zuschneiden

Die Vorlage enthält keine Nahtzugabe.
Beim Zuschneiden ringsum 1,5 cm, jedoch
am Bund 3 cm, an den Säumen 2 cm zugeben. Die Schnittteile der Leggings
liegen in 2 Teilen auf dem Schnittmusterbogen. Die Schnittteile 2a und 2b vor dem
Zuschneiden an der gepunkteten Linie
zusammenkleben.

- 2-mal (davon 1-mal gegengleich)
  Vorlage 2ab Hosenteil oben/unten
  (⅞ Länge)

» fröhlich geringelte streifenparade.
für die sonnigen seiten des lebens.
aus luftigem baumwolljersey genäht. passt sie
perfekt zum kurzen kleidchen.
und garantiert einen unkomplizierten auftritt. «

So wird's gemacht

1-6 Die gestreifte Leggings genauso nähen, wie in der Grundanleitung
auf Seite 34–35 beschrieben.

Basic-
Leggings

Größe S/M/L/XL/XXL • Vorlagen 2a–b (Bogen B)

Material

- 110/110/110/110/110 cm Baumwoll-
  Jersey mit Retromuster in Schwarz-
  Braun, 160 cm breit
- ca. 80–150 cm Gummiband, 2 cm breit

Zuschneiden

Die Vorlage enthält keine Nahtzugabe.
Beim Zuschneiden ringsum 1,5 cm, jedoch
am Bund 3 cm, an den Säumen 2 cm zugeben. Die Schnittteile der Leggings
liegen in 2 Teilen auf dem Schnittmusterbogen. Die Schnittteile 2a und 2b vor dem
Zuschneiden an der gepunkteten Linie
zusammenkleben.

- 2-mal (davon 1-mal gegengleich)
  Vorlage 2ab Hosenteil oben/unten

So wird's gemacht

1-6 Die Basic-Leggings genauso nähen, wie in der Grundanleitung
auf Seite 34–35 beschrieben.

>> starkes muster für große wirkung.
aus etwas dickerem jersey hält die knöchellange
leggings schön warm und ist der perfekte begleiter für
tunika und auch den oversize-strickpulli.

tipp: mit passenden knöpfen, im abstand von 2 cm vom
seitlichen saum aus hoch gehend, erzielt man
zusätzlich einen hingucker. <<

Leggings
mit seitlicher Raffung

Größe S/M/L/XL/XXL • **Vorlagen** 2a–b (Bogen B)

Material

- 100/100/100/100/100 cm Jersey,
  schmal gestreift, 160 cm breit
- ca. 80–150 cm Gummiband, 2 cm breit
- ca. 40 cm Gummiband, 0,5 cm breit,
  oder Gummifaden

Zuschneiden

Die Vorlage enthält keine Nahtzugabe.
Beim Zuschneiden ringsum 1,5 cm, jedoch
am Bund 3 cm, an den Säumen 2 cm zugeben. Die Schnittteile der Leggings
liegen in 2 Teilen auf dem Schnittmusterbogen. Die Schnittteile 2a und 2b vor dem
Zuschneiden an der gepunkteten Linie
zusammenkleben.

- 2-mal (davon 1-mal gegengleich)
  Vorlage 2ab Hosenteil oben/unten
  (⅞ Länge)

So wird's gemacht

1-6 Siehe Grundanleitung, Seite 34–35, Schritte 1–6.

7 An beiden Hosenbeinen für die seitlichen Raffungen Markierungen von
ca. 15 cm Länge anbringen. Dafür einen Bruch gegenüber der inneren Hosen-
naht in das untere Hosenbein bügeln. Die jeweilige Naht und den Bruch mit
Stecknadeln oberhalb (!) des Hosensaums in Höhe von ca. 15 cm markieren.

8 Das Gummiband in 4 gleich lange Stücke (je ca. 8 cm) schneiden.

9 Das Gummiband mit einem Zickzackstich auf den markierten Stellen (siehe
Schritt 7) oberhalb des Hosensaums aufsteppen.

» für kleid und shirt: die dreiviertel lange
aus dünnem, weichem jersey.
mit seitlicher raffung für den besonderen effekt.
und in farbenfrohem blau - genau richtig
für den tag im büro. oder im eiscafé. «

Edle Leggings
in Schwarz

Größe S/M/L/XL/XXL • Vorlagen 2a–b (Bogen B)

Material

· 110/110/110/110/110 cm Viscose-Jersey
  in Schwarz, 160 cm breit
· ca. 80–150 cm Gummiband, 2 cm breit

Zuschneiden

Die Vorlage enthält keine Nahtzugabe.
Beim Zuschneiden ringsum 1,5 cm, jedoch
am Bund 3 cm, an den Säumen 2 cm zugeben. Die Schnittteile der Leggings
liegen in 2 Teilen auf dem Schnittmusterbogen. Die Schnittteile 2a und 2b vor dem
Zuschneiden an der gepunkteten Linie
zusammenkleben.

· 2-mal (davon 1-mal gegengleich)
  Vorlage 2ab Hosenteil oben/unten

>> lang und schlicht.
edel schwarz glänzend.
dünner jersey schmiegt sich weich an lange beine.
chic unter eleganten kleidern.
stylisch zu hohen absatzschuhen.
schwarze leggins sind ein must-have
für jeden kleiderschrank.
und zeigen wirkung. <<

So wird's gemacht

1-6 Die Leggings genauso nähen, wie in der Grundanleitung
auf Seite 34–35 beschrieben.

Grundanleitung
Shirt/Unterkleid

Größe S/M/L/XL/XXL • **Vorlagen** 3 a–d (Bogen B)

Material
- 105/105/105/105/155 cm Jersey, 150 cm Breite

Zuschneiden
Die Vorlagen enthalten keine Nahtzugabe. Beim Zuschneiden ringsum 1,5 cm Nahtzugabe, jedoch am Saum 2 cm zugeben. Die Schnittteile liegen in 4 Teilen auf dem Schnittmusterbogen. Die Schnittteile 3a und 3b sowie die Schnittteile 3c und 3d vor dem Zuschneiden jeweils an der gepunkteten Linie zusammenkleben.
- 1-mal Vorlage 3ab Vorderteil oben/unten im Stoffbruch
- 2-mal (davon 1-mal gegengleich) Vorlage 3cd Rückteil oben/unten

» schlicht mit rundem ausschnitt und bis zum hosenbund reichend ist es ein shirt. aus transparentem spitzenstoff und bis zu hüfte gehend wird es zur tunika. und mit angesetzter rüsche verwandelt es sich in ein unterkleid. dieses wandlungsfähige basic-teil gehört in jeden schrank. «

So wird's gemacht

1 Die Rückteilzuschnitte rechts auf rechts bündig aufeinanderlegen und die Längsnaht schließen, die Nahtzugaben mit einem Zickzackstich oder der Overlockmaschine zusammen versäubern und zu einer Seite bügeln.

2 Vorder- und Rückteil rechts auf rechts bündig aufeinanderlegen und die Schulter- und Seitennähte schließen. Die Nahtzugaben mit einem Zickzackstich oder der Overlockmaschine gemeinsam versäubern und nach hinten bügeln.

3 Die Nahtzugaben von Saum, Armausschnitten und Halsausschnitt gemeinsam versäubern. Die Nahtzugaben zur linken Stoffseite bügeln und mit der Zwillingsnadel von rechts absteppen.

Rotes Top

Größe S/M/L/XL/XXL • **Vorlagen** 3a/c (Bogen B)

Material

· 70/70/70/70/70 cm Viscose-Jersey
  in Rot, 150 cm breit

Zuschneiden

Die Vorlagen enthalten keine Nahtzugabe.
Beim Zuschneiden ringsum 1,5 cm Nahtzugabe, jedoch am Saum 2 cm zugeben.
· 1-mal Vorlage 3a Vorderteil oben im
  Stoffbruch
· 2-mal (davon 1-mal gegengleich)
  Vorlage 3c Rückteil oben

So wird's gemacht

1-3 Das Top genauso nähen, wie in der Grundanleitung
     auf Seite 40—41 beschrieben.

» knapp, klassisch, kurz:
das kirschrote top mit rundem ausschnitt
und breiten trägern.
und ganz besonders lässig:
zur modischen pumphose. «

Unterkleid
mit Rüsche

» das top wird zum kleid.
ob solo oder als das kleine
für unten drunter.
aus fließender bambus-viscose mit
verpielter rüsche. «

Größe S/M/L/XL/XXL • Vorlagen 3a–d (Bogen B)

Material

- 120/120/120/120/170 cm Viscose-Jersey in Creme, 150 cm breit

Zuschneiden

Die Vorlagen enthalten keine Nahtzugabe. Beim Zuschneiden ringsum 1,5 cm Nahtzugabe, jedoch am Saum 2 cm zugeben. Die Schnittteile liegen in 4 Teilen auf dem Schnittmusterbogen. Die Schnittteile 3a und 3b sowie die Schnittteile 3c und 3d vor dem Zuschneiden jeweils an der gepunkteten Linie zusammenkleben.

- 1-mal Vorlage 3ab Vorderteil oben/unten im Stoffbruch, dabei die Länge um 4 cm kürzen
- 2-mal (davon 1-mal gegengleich) Vorlage 3cd Rückteil oben/unten, dabei die Länge um 4 cm kürzen
- 2-mal Rüsche laut Zuschneideplan (Seite 58)

So wird's gemacht

1-3 Siehe Grundanleitung, Seite 40–41, Schritte 1–3.

4 Die Saumrüsche an den kurzen Seiten rechts auf rechts legen und zum Ring schließen, dann rechts auf rechts bündig an die Saumkante legen. Die Nahtzugaben mit einem Zickzackstich oder der Overlockmaschine gemeinsam versäubern und nach hinten bügeln.

5 Die Saumrüsche auf den Umfang des Unterkleidsaums einkräuseln, rechts auf rechts auf den Unterkleidsaum stecken, dabei die Weite gleichmäßig verteilen.

6 Die Rüsche ringsum feststeppen. Die Nahtzugaben mit einem Zickzackstich oder der Overlockmaschine gemeinsam versäubern und nach oben bügeln.

7 Den Saum der Rüsche versäubern. Die Nahtzugabe zur linken Stoffseite bügeln und mit der Zwillingsnadel von rechts absteppen.

Shirt
aus Spitze

Größe S/M/L/XL/XXL • **Vorlagen** 3a–d (Bogen B)

Material

- 90/90/90/90/140 cm leicht elastischer
  Spitzenstoff in Mauve, 150 cm breit

Zuschneiden

Die Vorlagen enthalten keine Nahtzugabe.
Beim Zuschneiden ringsum 1,5 cm Nahtzugabe, jedoch am Saum 2 cm zugeben.
Die Schnittteile liegen in 4 Teilen auf dem
Schnittmusterbogen. Die Schnittteile 3a
und 3b sowie die Schnittteile 3c und 3d
vor dem Zuschneiden jeweils an der
gepunkteten Linie zusammenkleben.

- 1-mal Vorlage 3ab Vorderteil
  oben/unten im Stoffbruch, dabei
  die Länge um 15 cm kürzen
- 2-mal (davon 1-mal gegengleich)
  Vorlage 3cd Rückteil oben/unten,
  dabei die Länge um 15 cm kürzen

》 eng anliegend und hüftlang.
aus weicher und dehnbarer spitze perfekt
zu leggings und locker fallender hose.
oder über dem bikini.
und wer nicht zu viel haut zeigen möchte,
kombiniert mit einem top darunter. 《

So wird's gemacht

1-3 Das Unterkleid aus Spitze genauso nähen,
wie in der Grundanleitung auf Seite 40–41
beschrieben.

Shirt
mit Kapuze

Größe S/M/L/XL/XXL

Vorlagen 3a–e (Bogen B)

Material

- 85/85/85/85/155 cm Microfaser-Jersey in Braun, 150 cm breit
- 45 cm weichen Tüll, 145 cm breit

Zuschneiden

Die Vorlagen enthalten keine Nahtzugabe. Beim Zuschneiden ringsum 1,5 cm Nahtzugabe, jedoch am Saum 2 cm zugeben. Die Schnittteile liegen in 4 Teilen auf dem Schnittmusterbogen. Die Schnittteile 3a und 3b sowie die Schnittteile 3c und 3d vor dem Zuschneiden jeweils an der gepunkteten Linie zusammenkleben.

- 1-mal Vorlage 3ab Vorderteil oben/unten im Stoffbruch, dabei die Länge um 25 cm kürzen
- 2-mal (davon 1-mal gegengleich) Vorlage 3cd Rückteil oben/unten, dabei die Länge um 25 cm kürzen
- 2-mal (davon 1-mal gegengleich) Vorlage 3e Kapuze

» für strand- und cocktailparty: das fließende top mit der tüllkapuze. der feine microfaser-jersey lässt sie glänzen. perfekt zur langen leggings. und wenn es kühl wird, kommt das rüschenjäckchen zum einsatz. und vergessen sie nicht, die kapuze wirkungsvoll zu drapieren! «

So wird's gemacht

1-2 Siehe Grundanleitung, Seite 40–41, Schritte 1–2.

3 Die Kapuzenteile rechts auf rechts bündig aufeinanderlegen und die Längsnaht schließen. Die Nahtzugabe mit einem Zickzackstich oder der Overlockmaschine gemeinsam versäubern und zur Seite bügeln.

4 Die Kapuze rechts auf rechts bündig auf die Ausschnittkante legen. Die Kapuze rings um den Halsausschnitt feststeppen. Die Nahtzugaben mit einem Zickzackstich oder der Overlockmaschine gemeinsam versäubern und die Nahtzugaben nach unten bügeln.

5 Die Ausschnittkante ggf. mit einem dreifachen Zickzackstich oder einem Schmuckstich absteppen.

6 Die Nahtzugabe der Armausschnitte und des Kleidersaums versäubern. Die Nahtzugabe zur linken Stoffseite bügeln und mit der Zwillingsnadel von rechts absteppen.

Grundanleitung
Hose

Größe S/M/L/XL/XXL • Vorlagen 4a–b (Bogen C)

Material

- 145/145/145/225/230 cm Jersey,
  150 cm breit

Zuschneiden

Die Vorlagen enthalten keine Nahtzugabe.
Beim Zuschneiden ringsum 1,5 cm, jedoch
an den Hosenbeinsäumen 2 cm Nahtzugabe zugeben.

- 2-mal (davon 1-mal gegengleich)
  Vorlage 4a Vorderhose
- 2-mal (davon 1-mal gegengleich)
  Vorlage 4b Hinterhose
- 1-mal Bund laut Zuschneideplan
  (Seite 59)

So wird's gemacht

1 Je ein Vorder- und ein Hinterhosenteil rechts auf rechts aufeinanderlegen, die Außen-
und Innenbeinnähte bündig aufeinander ausrichten und schließen. Die Nahtzugaben mit
einem Zickzackstich oder der Overlockmaschine gemeinsam versäubern und nach hinten
bügeln.

2 Ein Hosenbein wenden und rechts auf rechts in das andere Hosenbein schieben.
Dabei die Seitennähte bündig übereinander ausrichten.

3 Die Schrittnaht schließen, die Nahtzugaben mit einem Zickzackstich oder der Overlockmaschine zusammen versäubern und zu einer Seite bügeln.

4 Den Bund rechts auf rechts legen und an der kurzen Kante zum Ring schließen, die Nahtzugaben auseinanderbügeln (von beiden Seiten bügeln).

5 Den Bund rechts auf rechts leicht gedehnt an die Oberkante der Hose stecken. Dafür
am Bund vier Viertel markieren und diese Markierungen am Hosenbund jeweils auf eine
Seitennaht und die vordere und hintere Mitte treffen lassen.

>> hosen: kombinierfreudig und
immer einsatzfähig.
leger mit tunnelzug am bein.
ein hoher bund betont die taille.
schlicht und schmal ein
unschlagbarer kombipartner.
und eine breite pumphose garantiert
den sportlichen auftritt. <<

6 Mit einem sehr großen Steppstich nähen und die Weite des Bundes kontrollieren. Sollte er zu weit sein, den Bund an der Seite etwas einkürzen.

7 Sitzt der Bund gut am oberen Hosenbund, den Bund mit einem schmalen Zickzackstich oder einem Jerseystich annähen. Die Nahtzugaben gemeinsam versäubern und nach oben bügeln.

8 Die Hosenbeinsäume mit einem Zickzackstich oder der Overlockmaschine versäubern. Die Nahtzugabe zur linken Stoffseite schlagen, bügeln und mit der Zwillingsnadel von rechts absteppen.

Pumphose
mit Gummizug

» frech und unkompliziert, jung und fröhlich: die pumphose aus fein schimmerndem jeans-jersey. das jeden-tag-modell mit wohlfühlfaktor. «

Größe S/M/L/XL/XXL · Vorlagen 4a–b (Bogen C)

Material

- 145/145/145/225/230 cm Viscose-Jersey in Jeansfarben, 150 cm breit
- ca. 80–150 cm weiches Gummiband, 1,5 cm breit

Zuschneiden

Die Vorlagen enthalten keine Nahtzugabe. Beim Zuschneiden ringsum 1,5 cm, jedoch an den Hosenbeinsäumen 3 cm Nahtzugabe zugeben.

- 2-mal (davon 1-mal gegengleich) Vorlage 4a Vorderhose
- 2-mal (davon 1-mal gegengleich) Vorlage 4b Hinterhose
- 1-mal Bund laut Zuschneideplan (Seite 59)

So wird's gemacht

1-7 Siehe Grundanleitung, Seite 46–47, Schritte 1–7.

8 Wie in der Grundanleitung in Schritt 8 beschrieben, jedoch in den Hosenbeinsäumen eine kleine Öffnung für den Gummizug lassen.

9 Die Länge des Gummibandes anhand der gewünschten Beinweite bestimmen und zuschneiden. Das Gummiband mit Hilfe einer Sicherheitsnadel durch die Öffnung in den Tunnel einziehen. Die Gummibandenden flach übereinanderlegen und mit einem schmalen Zickzackstich aufeinandersteppen. Anschließend das Gummiband durch die Öffnung nach innen ziehen und die Öffnung schließen.

Schmale lange Hose

Größe S/M/L/XL/XXL • Vorlagen 4a–b (Bogen C)

Material

- 145/145/145/225/230 cm Romanit-
  Jersey in Braun, 150 cm breit

Zuschneiden

Die Vorlagen enthalten keine Nahtzugabe.
Beim Zuschneiden 1,5 cm, jedoch an
den Hosenbeinsäumen 2 cm Nahtzugabe
zugeben.

- 2-mal (davon 1-mal gegengleich)
  Vorlage 4a Vorderhose (schmale Version)
- 2-mal (davon 1-mal gegengleich)
  Vorlage 4b Hinterhose (schmale Version)
- 1-mal Bund laut Zuschneideplan
  (Seite 59)

So wird's gemacht

1-8 Die schmale lange Hose genauso nähen, wie in der Grundanleitung
auf Seite 46–47 beschrieben.

» edel, schmal und fließend.
zu stiefeln und pumps. zu wedges und
hochhackiger sandalette.
das bündchen figurbetont und doch bequem.
schnell genäht. und in vielen verschiedenen
farben der ideale partner in ihrer
basisgarderobe. «

⅞ lange
Hose mit Bindeband

Größe S/M/L/XL/XXL · **Vorlagen** 4a–b (Bogen C)

Material

- 135/135/135/215/220 cm Viscose-Jersey in Blau, 150 cm breit
- ca. 140 cm Satinband, 0,5 cm breit

Zuschneiden

Die Vorlagen enthalten keine Nahtzugabe. Beim Zuschneiden 1,5 cm, jedoch an den Hosenbeinsäumen 3 cm Nahtzugabe zugeben.

- 2-mal (davon 1-mal gegengleich) Vorlage 4a Vorderhose (⅞ Länge)
- 2-mal (davon 1-mal gegengleich) Vorlage 4b Hinterhose (⅞ Länge)
- 1-mal Bund laut Zuschneideplan (Seite 59)

So wird's gemacht

1-7 Siehe Grundanleitung, Seite 46–47, Schritte 1–7.

8 Die Hosenbeinsäume mit einem Zickzackstich oder der Overlockmaschine versäubern. An den eingezeichneten Stellen jeweils ein Knopfloch einarbeiten oder eine Öse anbringen. Dabei ein Stück Stickvlies unterlegen, damit sich der Stoff nicht verzieht.

9 Nahtzugabe zur linken Stoffseite schlagen, bügeln und von rechts absteppen. Das Satinband in 2 Stücke von je ca. 70 cm teilen und je 1 Band in jeden Hosenbeinsaum einziehen.

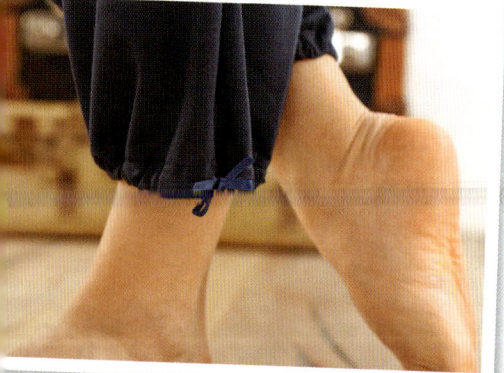

>> die kleine fließende aus leichtem jersey.
für die wärmeren tage im jahr. für strandurlaub und
biergarten. für kinderspielplatz und sommerfest.
lässig mit tunnelzug und bindebändchen.
eine, die auch mal
ein stück sahnetorte zuviel verzeiht.
eine echte freundin eben. <<

Klassische lange
Hose

Größe S/M/L/XL/XXL • Vorlagen 4a–b (Bogen C)

Material

- 145/145/145/225/230 cm Romanit-
  Jersey in Schwarz, 150 cm breit

Zuschneiden

Die Vorlagen enthalten keine Nahtzugabe.
Beim Zuschneiden ringsum 1,5 cm, jedoch
an den Hosenbeinsäumen 2 cm Nahtzugabe
zugeben.

- 2-mal (davon 1-mal gegengleich)
  Vorlage 4a Vorderhose
- 2-mal (davon 1-mal gegengleich)
  Vorlage 4b Hinterhose
- 1-mal Bund laut Zuschneideplan
  (Seite 59)

> die elegante schwarze für
> den großen auftritt.
> im büro und im café.
> im theater und auf geschäftsreisen.
> und aus bügelfreiem romanit-jersey.
> kombiniert mit shirt und jacke:
> ein unkomplizierter begleiter in
> jeder lebenslage. «

So wird's gemacht

1-8   Die lange schwarze Hose genauso nähen, wie in der Grundanleitung
      auf Seite 46–47 beschrieben.

51

Grundanleitung Jacke

» kleine jacken gehören
in jede grundausstattung.
schnell genäht, sind sie gut zu kombinieren
und passen sich jedem stil an.
ob mit kapuze, dreiviertel-arm
oder bunten knöpfen.
ob mit eleganter rüsche oder ganz und
gar zurückhaltend:
ein passendes jäckchen ist unverzichtbar. «

Größe S/M/L/XL/XXL • **Vorlagen** 5a–c (Bogen D)

Material

- 135/135/135/140/170 cm Wollstrick,
  150 cm breit
- 2 Druckknöpfe
- 2 Perlmuttknöpfe, ø 1,5 cm

Zuschneiden

Die Vorlagen enthalten keine Nahtzugaben. Beim Zuschneiden ringsum 1,5 cm Nahtzugabe zugeben.

- 2-mal Vorlage 5a Vorderteil
- 1-mal Vorlage 5b Rückteil im Stoffbruch
- 2-mal (davon 1-mal gegengleich) Vorlage 5c Ärmel gerade

So wird's gemacht

1 Die beiden Vorderteile rechts auf rechts auf das Rückteil legen, die Schulter- und Seitennähte bündig aufeinander ausrichten und schließen. Die Nahtzugaben mit einem Zickzackstich oder der Overlockmaschine gemeinsam versäubern und zum Rückteil bügeln.

2 Den Halsausschnitt und den Saum mit einem Zickzackstich oder der Overlockmaschine versäubern.

3 Die vorderen Kanten des Vorderteils mit einem schmalen Zickzackstich oder der Overlockmaschine versäubern, das Vorderteil an der Umbruchkante umklappen und rechts auf rechts legen (= Beleg).

4 Die kurzen Kanten des Belegs am Halsausschnitt und am Saum zusammensteppen und den Beleg auf rechts wenden.

5 Die Armelnähte schließen, die Nahtzugaben mit einem Zickzackstich oder der Overlockmaschine gemeinsam versäubern und nach hinten bügeln.

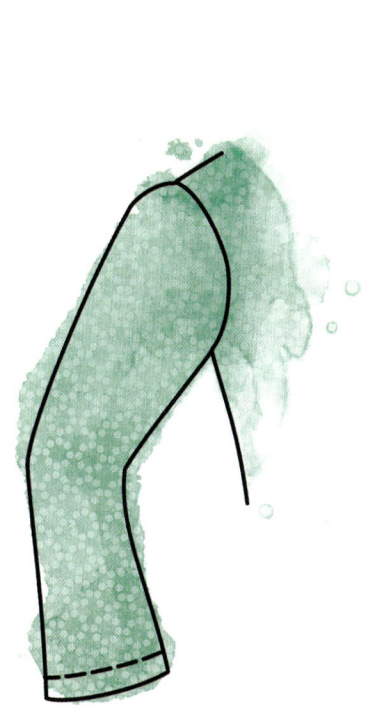

6 Die Ärmel zwischen den Sternchen (siehe Vorlage 1c) etwas einkräuseln. Die Ärmel einsetzen, dabei die Passzeichen von Ärmel und Jacken-Vorder-/Rückteil aneinander ausrichten.

7 Die Ärmelsäume mit einem Zickzackstich oder der Overlockmaschine versäubern, die Nahtzugaben zur linken Stoffseite bügeln und mit der Zwillingsnadel von rechts feststeppen.

8 Die Nahtzugaben an der Ausschnittkante zur linken Stoffseite bügeln und mit der Zwillingsnadel von rechts absteppen.

9 Den Saum zur linken Stoffseite bügeln und mit der Zwillingsnadel von rechts absteppen.

10 Die Druckknöpfe laut Vorlage anbringen. Es sind jeweils nur die obersten Druckknöpfe eingezeichnet. Weitere Druckknöpfe nach Belieben anbringen.

Grauer Sweater
mit Kapuze

Größe S/M/L/XL/XXL • Vorlagen 5a–e (Bogen D)

Material

- 135/135/135/140/180 cm dünner
  Sweatstoff in Grau-meliert, 150 cm breit
- 5 Kamsnaps

Zuschneiden

Die Vorlage enthält keine Nahtzugaben.
Beim Zuschneiden ringsum 1,5 cm Nahtzugabe zugeben.

- 2-mal (davon 1-mal gegengleich)
  Vorlage 5a Vorderteil
- 1-mal Vorlage 5b Rückteil im Stoffbruch
- 2-mal (davon 1-mal gegengleich)
  Vorlage 5c Ärmel gerade
- 2-mal (davon 1-mal gegengleich)
  Vorlage 5e Kapuze

>> die kleine flauschige graue
für jeden tag.
mit leuchtend roten druckknöpfen und
einer gemütlichen kapuze.
unverzichtbar fürs kuscheln
mit der katze auf dem sofa oder
den hundespaziergang im grünen.
schnell übers kleid gezogen,
macht sie alles mit. <<

So wird's gemacht

1 Siehe Grundanleitung, Seite 52–53, Schritt 1.
2 Die Kapuzenteile rechts auf rechts aufeinanderlegen und die Kapuzennaht schließen.
   Die Nahtzugabe mit einem Zickzackstich oder der Overlockmaschine gemeinsam
   versäubern.
3 Die vordere Kante der Kapuze mit einem Zickzackstich oder der Overlockmaschine
   versäubern.
4 Die vorderen Kanten des Vorderteils und den Saum der Jacke versäubern .
5 Die Kapuze an die obere Ausschnittkante stecken, die Vorderteile an der Umbruchkante
   dabei rechts auf rechts über die Kapuze legen und mit feststecken.
6 Die Kapuze an der Ausschnittkante feststeppen. Die Nahtzugaben mit einem Zickzackstich oder der Overlockmaschine gemeinsam versäubern. Die Nahtzugabe nach oben
   bügeln.
7-14 Siehe Grundanleitung, Schritte 3—10.

Jacke
in Natur

Größe S/M/L/XL/XXL • Vorlagen 5a–c (Bogen D)

Material

· 135/135/135/140/170 cm Merino-
  Strickstoff in Beige, 150 cm breit
· 2 Druckknöpfe
· 2 Schmuckknöpfe aus Perlmutt,
  ø 1,5 cm

Zuschneiden

Die Vorlagen enthalten keine Nahtzugaben.
Beim Zuschneiden ringsum 1,5 cm Nahtzugabe zugeben.

· 2-mal (davon 1-mal gegengleich)
  Vorlage 5a Vorderteil
· 1-mal Vorlage 5b Rückteil im Stoffbruch
· 2-mal (davon 1-mal gegengleich)
  Vorlage 5c Ärmel gerade

So wird's gemacht

1-10   Die Jacke genauso nähen, wie in der Grundanleitung
auf Seite 52–53 beschrieben.

≫ elegant und puristisch.
aus weichem, edlen merino-strickstoff
in naturtönen.
lässig geschlossen mit zwei
wirkungsvollen perlmutt-knöpfen.
klar, gerade, schlicht und zurückhaltend. ≪

Jacke
mit ¾ Ärmeln und Bündchen

Größe S/M/L/XL/XXL • Vorlagen 5a–c (Bogen D)

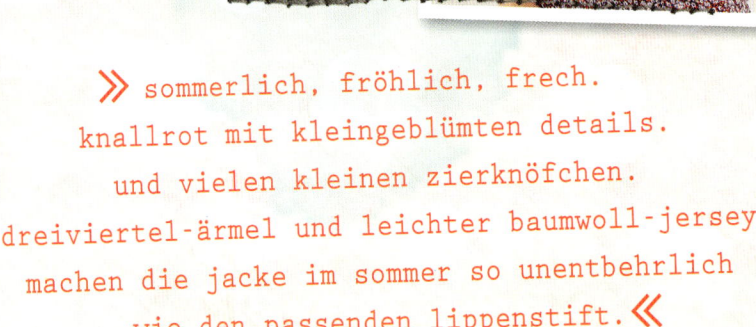

Material

- 125/125/125/130/160 cm Baumwoll-Jersey in Rot, 150 cm breit
- 10 cm Viscose-Jersey, geblümt, 150 cm breit
- 3 Druckknöpfe
- 7 Kunststoffknöpfe in Rot, verschiedene Durchmesser

Zuschneiden

Die Vorlage enthält keine Nahtzugaben. Beim Zuschneiden ringsum 1,5 cm Nahtzugabe zugeben.

- 2-mal Vorlage 5a Vorderteil
- 1-mal Vorlage 5b Rückteil im Stoffbruch
- 2-mal (davon 1-mal gegengleich) Vorlage 5c Ärmel (¾ Länge)
- 2-mal Ärmelblenden laut Zuschneideplan (Seite 59)

» sommerlich, fröhlich, frech.
knallrot mit kleingeblümten details.
und vielen kleinen zierknöfchen.
dreiviertel-ärmel und leichter baumwoll-jersey
machen die jacke im sommer so unentbehrlich
wie den passenden lippenstift. «

So wird's gemacht

1-6 Siehe Grundanleitung, Seite 52–53, Schritte 1–6.

7 Die Ärmelblenden rechts auf rechts legen, die kurzen Kanten zusammennähen und die Nahtzugaben auseinanderbügeln.

8 Die Ärmelblenden rechts auf rechts an den unteren Ärmelsaum stecken und feststeppen.

9 Die Nahtzugaben von Ärmelsaum und Ärmelblende mit einem Zickzackstich oder der Overlockmaschine gemeinsam versäubern und nach oben bügeln.

10-12 Siehe Grundanleitung, Schritte 8–10.

13 Die Knöpfe auf der rechten Vorderseite nach Belieben aufnähen. Die Druckknöpfe auf der Innenseite anbringen.

Jacke
mit Rüschen

>> lockerer strickstoff,
schlichte linienführung, ein auffälliger knopf.
dazu die rüschen an saum und ärmeln.
all dies macht die nachtblaue jacke zum
unübersehbaren highlight ihrer garderobe.
und fürs meeting und den schwiegermutter-besuch
gleichermaßen geeignet. <<

Größe S/M/L/XL/XXL • Vorlagen 5a–c (Bogen D)

Material

- 160/160/160/175/195 cm Strickstoff
  in Anthrazit, 150 cm breit
- 1 Druckknopf
- 1 Zierknopf, ca. ⌀ 2,5 cm

Zuschneiden

Die Vorlage enthält keine Nahtzugaben.
Beim Zuschneiden ringsum 1,5 cm Nahtzugabe zugeben.

- 2-mal Vorlage 5a Vorderteil, dabei
  die Länge um 6 cm kürzen
- 1-mal Vorlage 5b Rückteil im Stoffbruch,
  dabei die Länge um 6 cm kürzen
- 2-mal (davon 1-mal gegengleich)
  Vorlage 5c Ärmel gerade, dabei
  die Länge um 6 cm kürzen
- 2-mal Vorlage Ärmelrüsche
  laut Zuschneideplan (Seite 59)
- 2-mal Vorlage Saumrüsche
  laut Zuschneideplan (Seite 59)

So wird's gemacht

1 Siehe Grundanleitung, Seite 52–53, Schritt 1.
2 Die Saumrüschenzuschnitte rechts auf rechts legen und
   an einer kurzen Seite zusammensteppen.
3 Die Saumrüsche auf den Umfang des Jackensaums einkräuseln, rechts auf rechts bündig auf den Jackensaum
   stecken und feststeppen. Die Nahtzugaben mit einem
   Zickzackstich oder der Overlockmaschine gemeinsam
   versäubern und nach oben bügeln.
4 Siehe Grundanleitung, Schritt 2.
5 Die vorderen Kanten des Vorderteils und der Saumrüsche mit einem schmalen
   Zickzackstich oder der Overlockmaschine versäubern und das Vorderteil an
   der Umbruchkante und der Saumrüsche rechts auf rechts legen.
6-8 Siehe Grundanleitung, Schritte 4–6.
9 Die Ärmelrüschenzuschnitte jeweils bündig rechts auf rechts legen und die
   kurzen Seiten zum „Ring" zusammensteppen.
10 Die Ärmelrüschen jeweils auf die Länge der Ärmelsäume einkräuseln, rechts
    auf rechts auf die Ärmelsäume stecken und feststeppen. Die Nahtzugaben
    gemeinsam versäubern und nach oben bügeln.
11-14 Siehe Grundanleitung, Schritte 7–10.
15 Einen großen Zierknopf und die Druckknöpfe auf der Innenseite anbringen.

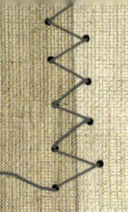

Maßtabellen
und Zuschneidepläne

In den folgenden Maßtabellen sind die zugrunde gelegten Maße der verschiedenen Kleidergrößen aufgeführt. Alle Angaben sind in Zentimeter angegeben. Darüber hinaus werden einige Zuschnitte benötigt, die je nach gewählter Kleidergröße voneinander abweichen. Diese Maße werden benötigt, wenn in der Anleitung auf den Zuschneideplan verwiesen wird. Die Nahtzugabe von 1,5 cm sind in den Zuschneidemaßen bereits enthalten.

1 Kleid

	S	M	L	XL	XXL
Oberweite	89	97	105	117	129
Vorderlänge	98	99,5	101	102,5	104
Schulterbreite	5,6	6	6,4	7	7,6
Ärmellänge	60	60,4	60,8	61,2	61,6
Ärmellänge ¾-lang	48	48,4	48,8	49,2	49,6
Ärmellänge kurz	15,7	16,5	17	17	17,5

Zuschneideplan

	S	M	L	XL	XXL
Halsloch-bündchen	5 x 65	5 x 65,8	5 x 67,6	5 x 68,4	5 x 69,2

2 Leggings

	S	M	L	XL	XXL
Taillen-Schlupfweite	66	74	82	92	102
Hüftweite	98	99,5	101	102,5	104
Seitenlänge lang	100	100	100	100	100
Seitenlänge ¾	75	75	75	75	75
Seitenlänge ⅞	88	88	88	88	88

3 Shirt/Unterkleid

	S	M	L	XL	XXL
Oberweite	86	94	102	114	126
Vorderlänge	95	96	97	99	100
Trägerbreite	5,5	5,9	6,3	6,7	7,1
Vorderlänge Shirtversion	58	59	60	62	63

Zuschneideplan

	S	M	L	XL	XXL
Rüsche (2-mal)	11 x 133	11 x 141	11 x 149	13 x 161	13 x 173

4 Hose

	S	M	L	XL	XXL
Taillen-Schlupfweite (Bundweite)	64	72	80	92	104
Weite obere Hosenkante	86	94	102	114	126
Hüftweite	90	98	106	118	130
Seitenlänge lang	96	96	96	96	96
Seitenlänge ⅞	84	84	84	84	84

Zuschneideplan

	S	M	L	XL	XXL
Länge	65	65,8	67,6	68,4	69,2

5 Jacke

	S	M	L	XL	XXL
Oberweite	88	96	104	116	128
Vorderlänge	57	58,5	60	64	66
Schulterbreite	10,2	10,6	11	11,5	12
Ärmellänge	63	63,5	64	64,5	65
Ärmellänge ¾-lang	51	51,5	52,5	53	54

Zuschneideplan

	S	M	L	XL	XXL
Ärmelrüsche	11 x 31,5	11 x 34	11 x 35	11 x 36	11 x 37
Saumrüsche	11 x 83	11 x 87	11 x 91	11 x 97	11 x 103
Ärmelblenden (2-mal)	25 x 4	26,5 x 4	27 x 4	29,5 x 5	31 x 4

Hinweis: Die Kräuselstrecke in der Ärmelkugel ist durch je ein Sternchen am Anfang und Ende markiert.

Material

Die Schnitte in diesem Buch sind ausschließlich für Jersey konzipiert und geeignet. Die Auswahl an Jersey ist sehr groß und die Qualität oft sehr unterschiedlich. Jeder Jersey verhält sich beim Waschen und Bügeln, beim Nähen und Tragen anders. Ein und der gleiche Kleiderschnitt, aus dünnem und sehr dehnbarem Viscose-Jersey oder aus einem kräftigen Baumwoll-Jersey genäht, wird völlig anders sitzen und auch anders fallen. Um dieses Materials optimal zu verarbeiten, hier einige grundlegende Hinweise.

1 Jerseystoff wird nicht gewebt, sondern gestrickt, was ihn sehr dehnbar macht. Es gibt Jersey in verschiedenen Strickarten: Single-, Double-, Interlock-, Jaquard- und Cloque-Jersey. Darüber hinaus wird Jersey auch aus den unterschiedlichsten Materialien hergestellt, z.B. aus Baumwolle, Viscose, Seide, Wolle, Bambus, Acetat oder Synthetik. Meist hat Jersey einen kleinen Elastikanteil, der ihn besonders formstabil und tragefreundlich macht.

2 Grundsätzlich alle Stoffe vor der Verarbeitung waschen, um unliebsame Überraschungen durch das Einlaufen der Stoffe zu vermeiden. Wie schade, wenn die Hose Hochwasser hätte und das Kleid unter den Armen spannen würde! Jersey am besten bei 30 Grad im Schonwaschgang waschen. Die Maße in den Anleitungen beziehen sich auf bereits vorgewaschene Stoffe, der Stoffkauf sollte also um ca. 10 % großzügiger ausfallen, damit der Stoff auch nach dem Waschen noch ausreicht.

3 Wichtig beim Zuschnitt ist der Maschenlauf. Er verläuft parallel zu den Webkanten des Stoffes. In den Vorlagen ist der Fadenlauf eingezeichnet, er entspricht dem Maschenlauf. Alle Schnitteile sollten mit den unteren Kanten in die gleiche Richtung zugeschnitten werden, also in die gleiche Strickrichtung.

4 Auch beim Bügeln stets in Maschenrichtung bügeln. Die Bügeltemperatur richtet sich nach der Materialzusammenstellung (siehe Herstellerangaben). Oftmals genügt es jedoch, den Jersey zu dämpfen. Die Maschen ziehen sich dabei durch den Wasserdampf wie durch Zauberhand in Form. Vor allem beim Ausbügeln der Nähte ist das Dämpfen sehr zu empfehlen. So werden unschöne Druckstellen vermieden.

5 Alle Markierungen gemäß Schnitt vorsichtig auf die linke Stoffseite übertragen, damit die Maschen nicht verletzt werden und später keine Kreide- oder Markierungsreste auf dem Kleidungsstück zu sehen sind.

6 Jersey mit einer speziellen Jersey-Maschinennadel nähen. Sie hat eine abgerundete Spitze, die die Maschen nicht verletzt.

7 Um die Nähte elastisch zu halten, nicht mit dem normalen Geradstich nähen, sondern einen schmalen Zickzackstich einstellen. Viele Nähmaschinen haben aber auch einen speziellen Jerseystich.

8 Die Nahtzugaben stets gemeinsam versäubert, dadurch wellen sie sich nicht. Dies erledigt eine Overlockmaschine, die gleichzeitig auch die Stoffränder abschneidet, am besten. Aber auch mit einer normalen Haushaltsnähmaschine kann versäubert werden, dafür die Stoffränder mit dem Zickzackstich überdecken und die überstehenden Nahtzugaben knapp an der Zickzacknählinie sauber zurückschneiden.

9 Säume an Kleider, Hosen, Leggings und Shirts zusätzlich mit der Zwillingsnadel von rechts absteppen. Das macht sie elastisch und sieht professionell aus.

Grundbegriffe des Nähens

Fadenlauf

Jedes Gewebe besteht aus Kettfäden (längs) und Schussfäden (quer). Der Fadenlauf entspricht der Richtung der Kettfäden und verläuft parallel zur Gewebekante. Der Zuschnitt sollte immer am Fadenlauf ausgerichtet sein, damit sich das genähte Teil nicht verzieht.

Fadenspannung

Die Fadenspannung der Nähmaschine muss je nach Stoffart reguliert werden. Andernfalls können Schlaufen in Unter- oder Oberfaden entstehen. Deshalb am besten immer erst ein Probestück nähen.

Geradstich

Der Geradstich ist der grundlegende Nutzstich beim Nähmaschinennähen. Das Nähen mit dem Geradstich heißt auch „Steppen". Die Stichlänge ist variabel einstellbar. Je länger der Stich, desto lockerer fällt die Naht aus.

Heften und Stecken

Stoffteile vor dem Nähen mit Nadeln fixieren oder heften. Dies verhindert, dass die Stoffteile beim Nähen verrutschen oder Falten werfen. Stecknadeln immer quer zur Nährichtung stecken, dann kann man sie während des Nähens leichter herausziehen.

Material

Einige Grundmaterialien werden als vorhanden vorausgesetzt und sind in den Anleitungen nicht gesondert aufgeführt: Bügeleisen · Nahttrenner · Schneiderkreide · Maßband · Patchworklineal · Schnittmusterpapier · Nähgarn · Rollschneider · Stecknadeln · Nähmaschine · Schere · Stift, ggf. Trickmarker · Nähnadeln · Schneidematte · Stoffschere

Nahtzugabe

Beim Zusammennähen (= Nählinie) wird ein Abstand zur Schnittkante eingehalten. Dieser Abstand ist die Nahtzugabe. Die Breite der Nahtzugabe wird bei den Anleitungen unter „Zuschneiden" entsprechend aufgeführt.

Rechte und linke Stoffseite

Jeder Stoff hat eine rechte und eine linke Stoffseite. Die rechte Seite entspricht der Schauseite, also der Außenseite des Stoffes. Bei Druckstoffen ist diese recht einfach zu erkennen, da hier das Muster deutlicher ist. Wenn es also heißt „die Stoffteile rechts auf rechts legen", zeigen die rechten Schauseiten nach innen und die linken Seiten nach außen. Heißt es hingegen „links auf links", zeigen die rechten Seiten nach außen und die linken Seiten nach innen.

Stoffbruch

Bei einer gefalteten Stofflage entsteht eine Faltkante, die als Stoffbruch oder Bruchkante bezeichnet wird. In der Regel bezeichnet der Stoffbruch die Mitte eines Schnittteils. Der Stoffbruch ist bei den Vorlagen dieses Buches als Punkt-Strich-Linie dargestellt. Diese Kante des Schnittteils wird zum Zuschneiden ohne Nahtzugabe genau auf die gefaltete Stoffkante gelegt.

Zickzackstich

Der Zickzackstich wird zum Versäubern der Schnittkanten verwendet. Stichbreite und Stichlänge lassen sich verändern

Nähte sichern/verriegeln

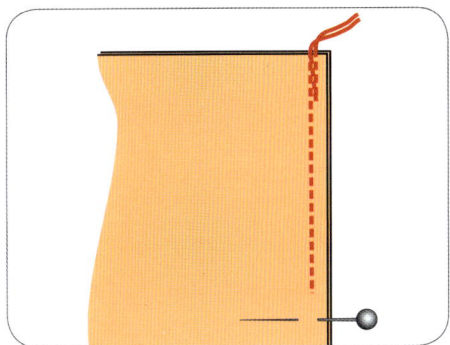

Eine Nähmaschinennaht wird in der Regel am Anfang und Ende „verriegelt", damit sie sich nicht auflöst. Am Nahtbeginn 3–4 Stiche vorwärts, dann rückwärts und anschließend wieder vorwärts nähen. Am Nahtende gegengleich verfahren.

Verstürzte Naht: gerade Kanten

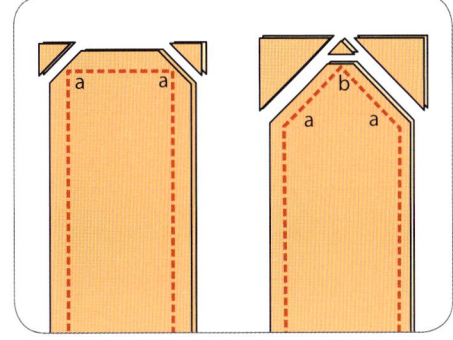

Die Teile rechts auf rechts bis auf eine Wendeöffnung zusammennähen. Die Nahtzugaben an den Ecken schräg bis kurz vor die Naht beschneiden, dann liegen sie nach dem Wenden besser und sehen exakter aus.

Verstürzte Naht: Rundungen

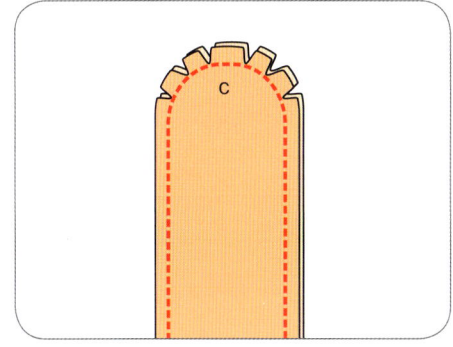

Die Teile rechts auf rechts bis auf eine Wendeöffnung zusammennähen. Aus den Nahtzugaben an den Rundungen gleichmäßig verteilt kleine Dreiecke herausschneiden, damit sich die Mehrweite nach dem Wenden etwas übereinanderschieben kann.

Reißverschluss

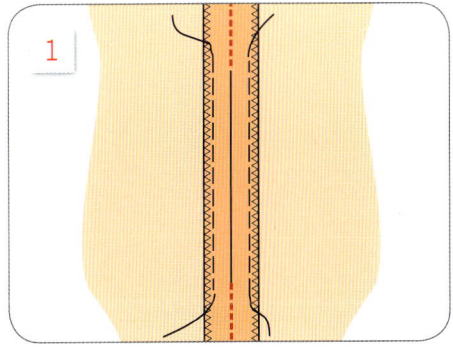

Die Naht bis auf den Reißverschlussschlitz schließen und die Nahtzugaben auseinanderbügeln. Die Nahtzugaben am Reißverschlussschlitz ggf. anheften.

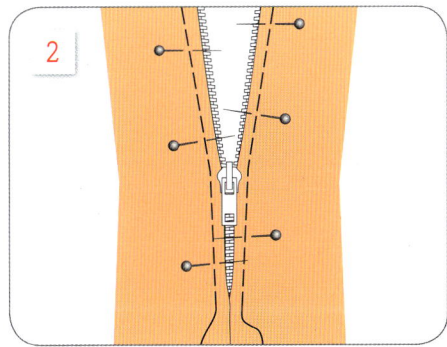

Den Reißverschlussfuß der Nähmaschine einsetzen. Das Teil auf rechts wenden und den Reißverschluss unter dem Schlitz feststecken oder heften. Die 1. Seite des Reißverschlusses mit einem Abstand von ca. 0,5 cm zur Bruchkante festnähen.

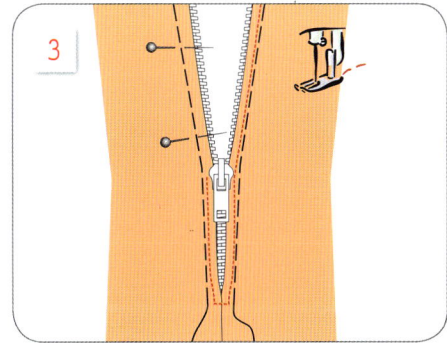

Am unteren Ende des Reißverschlusses die Nadel im Stoff lassen, das Füßchen heben, das Teil drehen und quer zur 1. Naht zur 2. Seite nähen. Die Nadel wieder im Stoff lassen, das Füßchen heben und das Teil erneut drehen. Dann die 2. Seite ebenfalls absteppen.

Impressum

Entwürfe und Realisation:
Rosa P. alias Rike Pacholleck
Redaktion: Anna Fischer
Lektorat: Claudia Schmidt
Fotos: Florian Bilger Fotodesign
Styling: Peggy Kummerow
Technische Zeichnungen: Anja Müssig
Illustrationen: Doro Kaiser
Lehrgangszeichnungen: OZ Archiv
Gesamtgestaltung und Satz: GrafikwerkFreiburg
Reproduktion: RTK & SRS mediagroup GmbH
Druck und Verarbeitung: Ömür Printing, Istanbul

© 2014 Christophorus Verlag GmbH & Co. KG, Freiburg
Alle Rechte vorbehalten.

ISBN 978-3-8410-6266-6
Art.-Nr. OZ6266

Hersteller

· Butinette Textil-Versandhaus GmbH,
  www.buttinette.com
· Gencalp lillestoff UG,
  www.lillestoff.de
· Gütermann GmbH,
  www.guetermann.com
· KBC Manufaktur Koechlin,
  www.kbc.de
· Fabfab GmbH,
  www.stoffe.de
· Stoff und Stil GmbH,
  www.stoffundstil.de
· Prym Consumer Europe GmbH,
  www.prym-consumer.com

☎ Kreativ-Service

Sie haben Fragen zu den Büchern und Materialien? Frau Erika Noll ist für Sie da und berät Sie rund um alle Kreativthemen. Rufen Sie an! Wir interessieren uns auch für Ihre eigenen Ideen und Anregungen. Sie erreichen Frau Noll per E-Mail: mail@kreativ-service.info oder Tel.: +49 (0) 5052 / 91 18 58 Montag bis Donnerstag: 9–17 Uhr / Freitag: 9–13 Uhr

Besuchen Sie uns im Internet: www.christophorus-verlag.de